VENTE

des 26 et 27 Mai 1911

HOTEL DROUOT — SALLE N° 3

A 2 HEURES

Meubles du XVIIIᵉ Siècle

ET DE

STYLE RENAISSANCE

OBJETS D'ART, TABLEAUX, GRAVURES

Tapis, Tentures

Mᵉ Félix ALBINET
COMMISSAIRE-PRISEUR

M. Arthur BLOCHE
EXPERT PRÈS LA COUR D'APPE

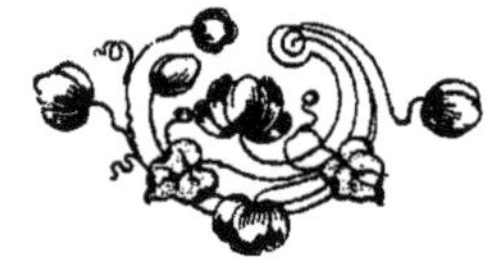

IMPRIMERIE
C. CHAUFOUR
6-8, RUE MILTON
PARIS.

CATALOGUE

DES

MEUBLES DU XVIIIE SIÈCLE

ET DE

Style Renaissance

MEUBLES MODERNES

Objets d'Art, Tableaux, Sculptures

Orfèvrerie de CHRISTOPHE

ARGENTERIE - BIJOUX - CURIOSITÉS

Livres modernes

Tapis d'Orient — Tentures

DONT LA VENTE AURA LIEU

HOTEL DROUOT — SALLE N° 3

Les Vendredi 26 et Samedi 27 Mai 1911

A DEUX HEURES

Me FÉLIX ALBINET	M. ARTHUR BLOCHE
COMMISSAIRE-PRISEUR	EXPERT PRÈS LA COUR D'APPEL
24, Rue d'Aumale	*21, Boulevard Haussmann*

CHEZ LESQUELS SE DISTRIBUE LE PRÉSENT CATALOGUE

EXPOSITION PUBLIQUE

Le Jeudi 25 Mai 1911 (Ascension), de 2 heures à 5 h. 1/2

CONDITIONS DE LA VENTE

La vente sera faite expressément au comptant.

Les acquéreurs paieront 10 o/o en sus des enchères.

L'exposition mettant le public à même de se rendre compte de l'état des objets, il ne sera admis aucune réclamation une fois l'adjudication prononcée.

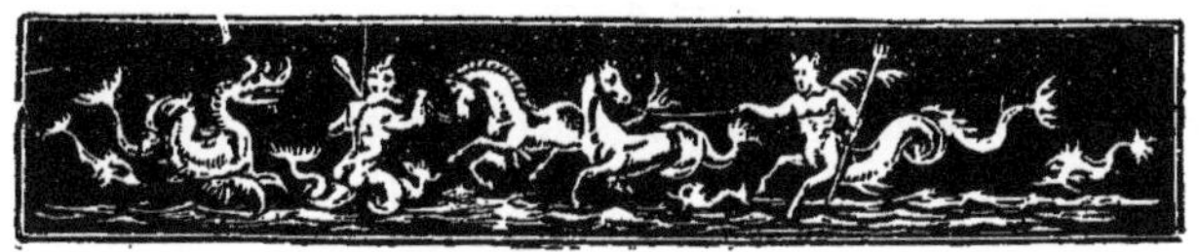

DÉSIGNATION

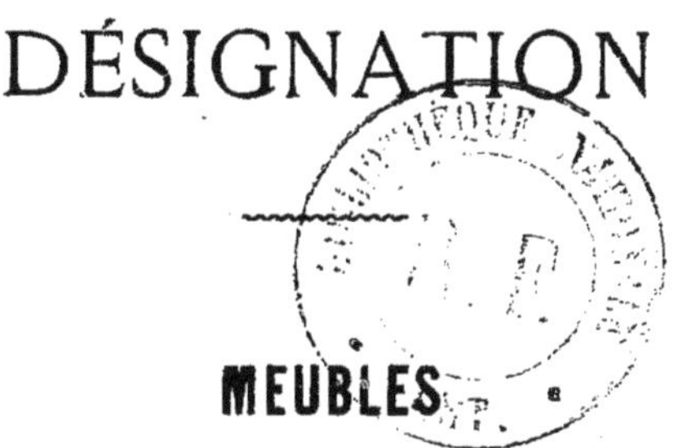

MEUBLES

1 — Lit en bois sculpté et peint en blanc, du temps de Louis XVI, garni d'étoffe fond bleu genre ancien.

2 — Chaise longue en bois sculpté, peint en blanc, de style Louis XVI, couverte en même étoffe.

3 — Chaise de même style.

4 — Bergère de même style.

5 — Grand fauteuil à dossier carré de même style.

6 — Console en bois sculpté peint en blanc rehaussé d'or. Style Louis XVI.

7 — Table à coiffer en bois de luxe ornée de marqueterie, époque Louis XVI.

8 — Bidet en bois ton naturel avec cuvette en ancienne faïence de Rouen, décor en bleu, époque Louis XV.

9 — Petite commode Louis XVI.

10 — Glace avec cadre en bois sculpté et doré, époque Louis XVI.

11 — Glace d'entre-deux avec cadre en bois sculpté et peint en blanc Louis XVI.

12 — Canapé en bois sculpté du temps de Louis XVI, riche décor, couvert en soie rose brochée.

13 — Deux fauteuils en bois sculpté, époque Louis XVI, couverts en velours frappé.

14 — Vitrine en marqueterie Louis XVI.

15 — Table à jeu en acajou époque Louis XVI.

16 — Tabouret en bois sculpté ancien, couvert en tapisserie moderne.

17 — Pouf en bois sculpté, époque Louis XVI.

18 — Bureau en marqueterie. Style Louis XVI.

19 — Secrétaire en bois de citronnier, époque Louis XV.

20 — Banquette de piano en bois laqué blanc, dessus canné.

21 — Table de salle à manger en noyer, forme carrée, avec ses rallonges.

22 — Six chaises en bois sculpté Louis XV, dessus canné.

23 — Bureau en bois d'acajou orné de cuivres, époque Premier Empire.

24 — Console de même époque.

25 — Deux fauteuils en bois sculpté, époque Louis XV, couverts en étoffe moderne.

26 — Chaise analogue.

27 — Bahut en bois sculpté, époque Louis XIII.

28 — Bahut surbaissé en bois sculpté Louis XVI.

29 — Grande armoire en bois laqué.

30 — Quatre fauteuils Louis XIII couverts en
tapisserie ancienne au point et au petit point
à personnages.

31 — Petit support bois ciré.

32 — Quatre chaises bois doré couvertes en soierie.

33 — Piano droit en palissandre, de la maison
DEBAIN, à Paris.

34 — Glace, cadre en bois sculpté, doré et ajouré.

35 — Glace ovale biseautée, cadre doré à fronton.

36 — Meuble de salon en bois noir sculpté, couvert en soierie à rayures, composé d'un canapé
quatre fauteuils et quatre chaises. Style
Louis XV.

37 — Deux supports en bois noir sculpté.

38 — Table en bois noir sculpté. Style Renaissance.

39 — Support en bois noir sculpté.

40 — Ameublement de salle à manger en bois sculpté, décor à personnages en relief, composé d'un buffet, d'une desserte, d'une table à rallonges et de douze chaises couvertes en panne jaune garnies de galons. Style Renaissance.

41-42 — Pétrin et panetière en bois sculpté.

43 — Support en bois noir.

44 — Table à thé en acajou.

45 — Piano droit, de la maison PLEYEL.

46 — Petite table bois peint en blanc.

47 — Chaise en bois sculpté couverte en ancienne tapisserie au point.

48 — Pouf couvert en tapisserie.

49 — Petite table forme cœur, ornée d'une peinture.

50 — Ameublement de chambre à coucher en palissandre, composée d'un lit (avec sa literie) d'une armoire à glace et d'une table de nuit.

51 — Petite table de style Louis XV en bois
sculpté.

52 — Monture d'écran en bois noir.

53 — Guéridon en bois de fer, dessus en marbre.

54 — Table en bois noir sculpté.

55 — Deux chaises couvertes en soierie chau-
dron.

56 — Chaise-longue et deux fauteuils couverts en
velours de Gênes.

57 — Table à trois étagères ornée de marqueterie.

58 — Grande armoire ouvrant à deux portes en
bois sculpté.

59 — Meuble ancien en marqueterie de bois ouvrant dans le haut à deux portes ornées de
glaces. Travail hollandais.

60 — Armoire basse en bois sculpté.

61 — Toilette en bois sculpté, dessus en marbre.

62 — Glace rectangulaire, cadre peint.

63 — Trois chaises en bois noir.

64 — Fauteuil formant bidet.

65 — Petite table à ouvrage.

66 — Petit coffre gaîné de peluche verte.

67 — Banquette Renaissance à deux places, bois sculpté, décor à têtes de personnages.

68 — Menble d'encoignure Renaissance en bois sculpté avec étagère dans le haut.

69 — Deux fauteuils Louis XVI en bois doré couverts en soierie rayée.

70 — Table à jeu ornée de marqueterie, style Louis XV.

71 — Ecran-paravant à trois feuilles.

72 — Armoire à glace en palissandre.

73 — Bibliothèque en palissandre.

74 — Table Renaissance en bois sculpté.

75 — Vitrine basse en bois noir ornée de bronzes.

76 — Armoire en bois, ton naturel.

77 — Deux grands fauteuils couverts en cuir.

78 — Colonne en bois noir.

SCULPTURES. BRONZES
PORCELAINES MONTEES

79 — Buste de jeune femme en marbre signé :
TROILI.

80 — Groupe en terre cuite, de Rougelet : enfants
musiciens.

81 — Garniture de cheminée en bronze doré et
onyx, composé d'une pendule et deux candélabres.

82 — Statuette en bronze : le faucheur, de EAI-
ZELIN.

83 — Deux lampes formées de vases en porcelaine de Chine, montures en bronze.

84 — Lustre en bronze doré et cristaux.

85 — Paire d'appliques en bronze doré et cristaux.

86 — Jardinière en cuivre rouge.

87 — Lustre en bronze préparé pour l'électricité.

88 — Coupe en porcelaine de Chine, monture en bronze.

89 — Garniture de cheminée en marbre rouge et bronze, composée d'une pendule et deux candélabres.

90 — Paire de flambeaux en bronze doré.

91 — Paire de lampes en porcelaine gros bleu.

92 — Lampe à pied en bronze.

93 — Deux lampes colonnes.

94 — Fontaine et son bassin en cuivre rouge gravé et repoussé décor à armoirie.

95 — Jardinière en cuivre rouge.

96 — Lustre en bronze orné de cristaux.

97 — Garniture de cheminée onyx et bronze composée d'une pendule et deux candélabres préparés pour l'électricité.

98 — Lanterne arabe en cuivre.

99-100 — Cloche et deux plats en cuivre.

101 — Petit éléphant en bronze.

102 — Jardinière en métal argenté.

103 — Deux chauffe-plats en métal argenté.

104 — Deux girandoles à trois lumières en bronze, style Louis XV.

105 — Deux petits vases en bronze de l'Extrême Orient.

106 — Deux petits porte-cierges en bronze de l'Extrême-Orient.

107 — Petit vase en bronze de l'Extrême-Orient.

108 — Panier en étain.

109 — Deux petits vases en composition.

110 — Ménagère en métal argenté.

111 — Deux bouts de table en cuivre.

112 — Deux bouts de table en bronze.

113 — Pichet en étain.

114 — Seau à biscuits métal et verre.

115 — Bouilloire tripode en cuivre.

116 — Deux coupes en porcelaine de Chine, montures en bronze.

117 — Deux petits vases en bronzes du Japon.

118 — Petit pot en faïence.

119 — Deux petits vases en métal martelé.

120 — Ch imère en bronze de l'Extrême-Orient.

120 *bis* — Lustre à gaz en bronze.

120 *ter* — Lustre à électricité, nickelé.

121 — Statuette en bronze : l'Enfant au coq, de CECIONI.

122 — Deux statuettes en bronze d'enfants allégoriques au Feu et à l'Eau.

123 — Cache-pot en bronze japonais.

124 — Deux petits vases en bronze.

125 — Petit vase en émail cloisonné.

126-127 — Deux réchauds en métal argenté, de la maison CHRISTOFLE.

128 — Bonbonnier à trois compartiments en métal argenté, de la maison CHRISTOFLE.

129 — Deux verseuses en métal argenté, de la maison CHRISTOFLE.

130 — Six coupes en cristal, montures en métal argenté, de la maison CHRISTOFLE.

131 — Deux salières en métal argenté, de la maison CHRISTOFLE.

132 — Grand plateau en métal argenté et ciselé, de la maison CHRISTOFLE.

133 — Vase en bronze du Japon.

PORCELAINES, FAIENCES

134 — Vase en vieux Delft, monture en bronze doré.

135 — Vase surbaissé en cristal, monture en bronze doré.

136 — Deux tasses en porcelaine ornées de pein-
tures.

137 — Vase en verre, de GALLÉ.

138 — Douze plats et assiettes en faïences et por-
celaines diverses.

139 — Deux vases en vieux Delft, décor bleu.

140 — Potiche en vieux Chine, décor bleu sur
blanc.

141 — Miroir à chevalet, cadre en cristal.

142 — Eléphant en blanc de Chine.

143 — Deux aiguières en cristal.

144 — Vase en porcelaine, décor à semis de fleu-
rettes.

145 à 149 — Objets divers de vitrine.

150 — Service à bonbons composé de neuf plats
en porcelaine de Chine renfermés dans une
boîte en bois dur.

151 — Coupe en faïence de Satzuma, décors
dorés.

152 — Bonbonnière en porcelaine du Japon, décor polychrome.

153 —. Deux vases en porcelaine de Chine fond vert.

154 — Deux cornets en ancienne faïence d'Urbino.

155 — Compotier en cristal orné de pendeloques.

156 — Deux jardinières en terre, teinte bronze.

157 — Garniture de toilette en cristal.

158 — Statuette de petite fille en biscuit.

159 — Assiette en porcelaine de Chine, décor bleu.

160 — Deux petites jardinières en faïence, décor vannerie.

OBJETS DIVERS

161 — Boîte à thé en laque de l'Extrême-Orient.

162 — Perroquet naturalisé.

163 — Deux statuettes en terre peinte.

164 — Deux petits vases en cristal.

165 — Petite garniture de cheminée en albâtre : pendule et deux vases.

166 — Canne en écaille jaspée.

167 — Ombrelle garnie de dentelle.

168 — Grande bourse en argent.

169 — Douze couteaux, montures en argent.

170 — Service à poissons en argent.

171 — Revolver, poignée en nacre.

172 — Deux coupes en cornaline.

173 — Lots de camées cornalines et pierres dures diverses.

174 — Appareil photographique 18×24 en noyer ciré dans un sac.

TABLEAUX, GRAVURES

175 — AUGIS. Dessin à la sanguine.

176 — BAPTISTE. Le Marchand de fruits. Jeu d'enfants. Deux tableaux.

177 — BARAULT. Le Poulailler.

178 — BEAUDOIN (D'après). Gravure.

179 — BERGHEM. Paysage animé. Dessin à la sanguine.

180 — BOILLY (D'après). Deux gravures, cadres bois sculpté.

181 — BREUGHEL (Genre de). Paysage avec figures et animaux.

182 — CARESME. Deux dessins. Signés.

183 — CHAPLIN (Genre de). Jeune fille assise.

184 — DROUAIS (Ecole de). Portrait de femme.

185 — DUPRÉ (Attribué à Victor). Paysage au bord de la mer.

186 — GREUZE (D'après) La Petite fille à la colombe.

187 — INGRES. Cinq dessins. Etudes.

188 — JANINOT. Jeunes femmes. Deux dessins.

189 — LASALLE. La Petite fermière.

190 — MARLEUX. Jeune femme.

191 — PAIL. Troupeau de moutons dans les bruyères.

192 — ROBERT (Genre de Léopold). Bergère et ses moutons.

193 — YUNG. Paysage. Dessin au fusain.

194 — ÉCOLE 1830. Les Petits chiens.

195 — ÉCOLE 1830. Mélancolie. Tête de femme.

196 — ÉCOLE 1830. Baigneuses.

197 — ÉCOLE FLAMANDE. Scène de festin.
Cadre en bois sculpté.

198 — ÉCOLE FRANÇAISE. La Jeune fille à la
rose. Dessin à la sanguine.

199 — ÉCOLE FRANÇAISE. Jeune femme res-
pirant une rose.

200 — ÉCOLE FRANÇAISE. Le Bal du may.
Gravure. Cadre bois sculpté.

201 — ÉCOLE FRANÇAISE. La Servante jus-
tifiée. Gravure. Cadre bois sculpté.

202 — ÉCOLE FRANÇAISE. Deux gravures en
couleurs.

203 — ÉCOLE DU XVIIIᵉ SIÈCLE. Dessin à la
sanguine. Genre de BOUCHER.

204 — ÉCOLE HOLLANDAISE. Marine.

205 — ÉCOLE ESPAGNOLE. Portrait d'homme.

206 — ÉCOLE ITALIENNE. La Mandoliniste.
Cadre en bois sculpté.

207 — ÉCOLE MODERNE. L'Amatrice de tableaux.

208 — ÉCOLE MODERNE. Bords de rivière.

209 — ÉCO E MODERNE. Le Marchand de volailles.

210 -· ÉCOLE MODERNE. Vue d'un champ.

211 — ÉCOLE MODERNE. Paysage. Effet de nuit.

212 — ÉCOLE MODERNE. Bord de rivière.

213 — ÉCOLE MODERNE. Scène de l'Histoire de François Ier.

214 à 220 — ÉCOLES DIVERSES. Dessins. Tableaux.

BIBLIOTHÈQUE

221 à 235 — Nombreux volumes reliés : Œuvres de Balzac, Châteaubriand, Henri Martin, Victor Hugo, Voltaire, etc. (Seront divisés).

TENTURES, TAPIS

236 — Paire de rideaux en soie rose avec embrasses assorties.

237 — Décor de lit et baldaquin avec une paire
de rideaux en étoffe bleue. Style Louis XVI,
avec embrasses assorties.

238 — Paire de rideaux en étoffe, genre Louis XV.

239 — Décor de fenêtre en soie verte brochée.

240 — Tapis d'appartement.

241 — Deux paires de rideaux en brocart rouge.

242 — Dessus de piano droit en soierie jaune et
peluche.

243 — Deux paires de rideaux en peluche verte.

244 — Tapis de table en peluche verte.

245 — Deux paires de rideaux en peluche rouge.

246 — Baldaquin et rideaux de lit en peluche rouge.

247 — Dessus de cheminée en peluche verte et tapisserie.

248 — Lot de rideaux. (Seront divisés).

249 à 255 — Dix tapis d'Orient de dimensions diverses à dessins variés. (Seront divisés).

256 à 260 — Lot de tapis d'appartement en moquette rouge. (Seront divisés).

261 — Objets non catalogués.

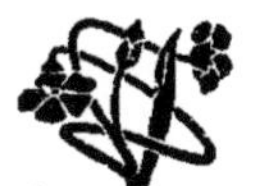